AF371217

PROJET
DE SOUSCRIPTION

Pour une Estampe Tragique et Morale.

Qualibus in tenebris vitæ quantifque periclis
Degitur hoc ævi quodcumque eft !

Lucret.

UN Vieillard étoit aſſis au milieu de ſes enfans,
à côté d'une épouſe chérie , il s'occupoit à
faire les honneurs de ſa maiſon & de ſa table
à un jeune Étranger que l'amitié & le hazard lui
avoient adreſſé , il ſe livroit dans le ſein de ſa
famille à cette ſatisfaction douce que l'homme
reſſent ſur la fin d'une journée paſſée dans les de-
voirs de ſon état , & ajoutée à une longue ſuite
de jours innocents & paiſibles. Au moment de ſa
plus grande ſécurité , un de ſes enfans meurt d'une
mort funeſte , le Vieillard eſt arraché de deſſus le
cadavre de cet enfant , chargé de fers & précipité
dans le fond d'un cachot. Ni ſon âge , ni l'intégrité
de ſes mœurs , ni ſa piété, ni ſa probité , ni ſa longue proſpérité , rien de ce qui paroit devoir
aſſurer le ſort de l'homme de bien , ne peut le
garantir de l'imputation d'un crime imaginaire ,

A

& que la méchanceté la plus féroce rendroit à peine vraisemblable. Une main invisible a tracé à côté de lui son Arrêt de mort, & préparé les instrumens des tourmens & de l'ignominie ; & bientôt il sera trainé sur un échaffaud pour y souffrir le dernier supplice.

Il n'est point d'ame sensible qui n'ait frémi au récit d'un malheur dont l'exemple paroit enlever à l'innocence la sécurité, son partage, & dont l'effrayante, mais utile leçon doit sans cesse rappeller à l'homme combien sa destinée est incertaine ; que si ses vertus sont à lui, il suffit d'une combinaison fortuite pour disposer de sa vie & de son honneur ; que nous sommes tous sous la main d'une puissance invisible & secrette qui se joue de notre sort, qui nous attend & nous atteint quand il lui plait, à laquelle ni le foible ni le puissant, ni l'indigent ni le riche, ni l'homme vertueux ni le méchant ne peut échaper. Cette morale est peu consolante, mais il n'en est point de plus propre à fortifier l'ame, à l'élever au dessus des événemens, à lui donner de la résignation dans le malheur & de la modération dans la prospérité.

Le Vieillard infortuné qu'une justice tardive ne peut rendre à sa famille, & dont le sort a renouvellé de nos jours cette grande leçon, a laissé une Veuve & des Orphelins à qui il n'est resté dans leur désastre que la tutele & la sauvegarde

publique. Toutes les ames se sont émues envers eux
de la plus tendre compassion ; il n'en est aucune
qui ne se soit sentie soulagée en contribuant à ce
que leur sort pouvoit recevoir d'adoucissement.
Le Monarque a donné lui-même l'exemple à ses
Sujets ; après avoir satisfait à sa qualité de Juge
suprême , son cœur a suivi les mouvemens de sa
bienfaisance (1). Une nation accoutumée à trouver dans son Prince un modele d'humanité , de
douceur & de bonté , s'empressera sans doute
à suivre son exemple , & nous nous sommes flattés
qu'on nous sauroit quelque gré de lui en présenter
un moyen (2).

Madame Calas avec ses enfans & le compa-
gnon fortuit de ses malheurs, M. Lavaysse , ayant
bien voulu se prêter à nos desirs , M. de Carmon-

---

(1) Sa Majesté a accordé une gratification de trente-six
mille livres , dont elle n'a pas dédaigné d'ordonner elle-
même la répartition.

(2) Plusieurs personnes n'ont pas sans doute attendu
ce moment pour se satisfaire ; mais on ne sauroit assez
s'étonner de l'indiscrétion avec laquelle les Auteurs de
quelques gazettes étrangeres ont annoncé des dons &
même des souscriptions ouvertes en Angleterre, en Suisse
& ailleurs en faveur de la famille Calas. Ces nouvelles
n'ont jamais eu la moindre réalité ; & la crainte de rassu-
rer mal-à-propos sur le sort de ces infortunés , de rallen-
tir ou d'arrêter les dispositions d'une trop juste compassion
auroit dû empêcher les Auteurs de ces papiers de s'en-
rapporter à des bruits vagues & destitués de fondement.

telle , Lecteur de Monseigneur le Duc de Chartres, connu par ses desseins pleins d'esprit & de facilité, a composé un Tableau que quelques uns des plus grands Maîtres de l'Académie Royale de Peinture ont honoré de leur suffrage. Ce Tableau se grave actuellement par M. de la Fosse, avec approbation & privilege du Roi , aux frais d'un petit nombre de personnes que l'amitié réunit depuis longtemps , & qui ont cru devoir réserver au premier & au plus généreux défenseur (3) de cette famille opprimée , le droit de contribuer avec elles à l'exécution de leur projet.

Ce Tableau offrira six portraits de la plus grande ressemblance. C'est une Mere (4) respectable par son âge & par son caractere , sur le visage de laquelle l'infortune a laissé des traces qui ne s'effaceront plus. Ce sont deux jeunes Filles (5) d'une figure intéressante & pleine de décence. C'est un Fils (6) qui a presque perdu la vue dans l'obscurité des cachots. C'est un jeune homme (7) à qui ni les larmes & les inquiétudes d'un pere , ni l'artifice des insinuations, tantôt les plus douces, tantôt les plus effrayantes , ni les apprêts d'un supplice presque

---

(3) M. de Voltaire.
(4) Anne-Rose Cabibel Calas.
(5) Rose Calas & Nanette Calas.
(6) Jean - Pierre Calas.
(7) Alexandre-François Gualbert Lavaysse.

certain n'ont pu arracher un mot qui compromît
l'innocence, & qui a foutenu l'épreuve la plus re-
doutable à laquelle la vertu puiſſe être expoſée,
à un âge dont l'inexpérience ſemble diſpenſer de
preſſentir les ſuites & l'importance des actions.
C'eſt une Servante (8) âgée de ſoixante & dix ans,
dont un feul mot équivoque auroit ſcellé irrévoca-
blement l'Arrêt de mort de ſes Maîtres, & qui
malgré l'infériorité de ſon état & la diverſité de ſa
croyance, eſt reſtée inébranlable dans le témoignage
qu'elle devoit à la vérité.

Le fond du Tableau repréſente la priſon où
Madame Calas s'eſt rendue pour ſe ſoumettre
au Jugement ſouverain prononcé le 9 Mars dernier aux Requêtes ordinaires de l'Hôtel du Roi;
Elle eſt aſſiſe. Sa fille aînée eſt aſſiſe à côté d'elle,
la tête légérement appuyée ſur la main droite. La
fille cadette eſt debout derriere ſa mere, & pen-
chée ſur le dos de ſa chaiſe. Ce groupe eſt attentif
à la lecture d'un mémoire que tient M. Lavayſſe,
placé vis-à-vis, debout & tout droit. Derriere lui
Jean-Pierre Calas, un genou plié & poſé ſur une
chaiſe, & regardant pas deſſus ſes épaules, porte
les yeux ſur ce mémoire. Entre les deux groupes
de la mere & des filles d'un côté, & des deux
amis de l'autre, on voit Jeanne Viguiere debout

---

(8) Jeanne Viguiere,

preſque de face, & écoutant pareillement la lecture.

Le Public pourra ſe procurer cette Eſtampe aux conditions ſuivantes.

On ſouſcrira ſix livres par exemplaire pour leſquelles il ſera délivré un reçu ſigné par les perſonnes ci-deſſous mentionnées ; & c'eſt en rapportant ce reçu qu'on recevra l'Eſtampe.

Quoique par les arrangemens qu'on a pris, la planche doive être achevée & l'Eſtampe en état de paroître avant le mois de Septembre prochain, la Souſcription ſera ouverte juſqu'à la fin de l'année 1765, afin que l'éloignement des lieux n'empêche perſonne d'y prendre part.

Les exemplaires ſeront diſtribués aux Souſcripteurs dans les endroits où ils auront ſouſcrit. Chaque Eſtampe portera un paraphe ou un cachet qui ſera indiqué, afin de prévenir la contrefaction que le privilege du Roi rendroit puniſſable dans le royaume, & qu'en cette circonſtance, le ſoin de l'honnêteté publique empêchera ſans doute dans tout pays.

Il n'y aura que la voie de la ſouſcription pour ſe procurer cette Eſtampe ; & la ſouſcription fermée, elle ne ſera plus à vendre.

Ce projet ayant tranſpiré avant d'être public, pluſieurs perſonnes du premier rang ſe ſont empreſſées à le ſeconder. Madame la Maréchale Ducheſſe de Luxembourg, Madame la Maréchale

Ducheſſe de Mirepoix, Madame la Ducheſſe d'En-
ville, Madame la Princeſſe de Turenne , Madame la Ducheſſe d'Aiguillon Douairiere ont bien
voulu que leur nom fûr à la tête de la liſte ; & l'on
a déja reçu beaucoup de ſouſcriptions du quadruple
du prix par exemplaire, & quelques unes au-delà (9).

Chacun jouira de la faveur de fixer à ſon choix
& à ſa volonté un prix à la ſouſcription au delà du
prix indiqué ; & dans chaque reçu qui ſera délivré ,
il ſera fait mention de la ſomme ſouſcrite ainſi que
du nombre d'exemplaires que le Souſcripteur s'eſt
réſervé.

Pour rendre au Public un compte exact du bien
de ſes Orphelins, on ſe mettra en état, dès que
la ſouſcription ſera fermée , d'en publier la liſte
avec les ſommes reçues & le nombre des exemplaires diſtribués.

Pour cet effet on tiendra dans chaque ville un
régiſtre des noms & qualités des Souſcripteurs. Les
perſonnes qui ne voudront pas être nommées , auront la liberté de prendre des reçus au porteur , &

---

(9) Les pays étrangers même ont applaudi à notre Projet.
Une Princeſſe d'Allemagne , dont l'eſprit éclairé égale
la bonté & la grandeur d'ame , a fait ſouſcrire douze louis
d'or pour un ſeul exemplaire ; une autre Princeſſe , dont
les rares qualités ne ſont ignorées que d'elle même , a fait
ſouſcrire ſix louis d'or pour un exemplaire.

de ne pas donner leur nom; mais nous efpérons qu'à moins de quelque raifon particuliere perfonne n'aura de répugnance à fe trouver fur une lifte remplie des noms les plus refpectés , & que cette lifte méritera d'être confervée comme un monument honorable à l'humanité.

M. le Pot d'Auteuil, Notaire, rue Saint-Honoré, vis-à-vis l'Hôtel de Noailles, s'eft généreufement offert d'être le receveur de cette foufcription. Il a bien voulu regarder comme une faveur d'être chargé des embarras & des détails minutieux qu'entraine une entreprife de cette efpece , & qu'on n'auroit pu lui propofer fans indifcrétion. Il recevra les foufcriptions & donnera les reçus tous les jours de la femaine excepté les Dimanches & les Fêtes.

Il fignera également les reçus pour la province, lefquels feront enfuite remplis & contrefignés dans chaque ville où il fe fera des foufcriptions, par les Receveurs particuliers, qui rendront compte à M. le Pot d'Auteuil de mois en mois de l'état de la foufcription.

On foufcrira

EN FRANCE.

A Abbeville, chez M. *Levoyer*, libraire.

A Aix , chez M. *David* , libraire.

A Amiens, chez M. *François*, libraire.
A Befançon,
A Blois,
A Bordeaux, chez MM. *Labot-tiere*, freres, libraires.
A Bourges,
A Caen, chez M. *Leroy*, lib.
A Clermont-Ferrand,
A Dijon, chez Madame la veuve *Coignard*, libraire.
A Evreux, chez M. *Magner*, libraire
A Grenoble,
A Laon, chez M. *Melleville*, libraire.
A Lyon, chez M. *Deville*, libraire.
A Marfeille,
A Metz, chez M. *Bouchard*, libraire.

A Nancy,
A Nantes, chez Madame la veuve *Vatar*, libraire.
A Orléans,
A Poitiers,
A Rennes, chez M. *Ravaux*, libraire.
A Rheims,
A la Rochelle,
A Rouen, chez Madame la veuve *Befongne*, libraire.
A Saintes,
A Strasbourg, chez M. *Konig*, libraire.
A Tours,
A Troies, chez M. *Bouillerot*, libraire.
A Valence,
A Vendôme, chez M. *Morard*, libraire.

EN ANGLETERRE.

A Londres,

PAYS-BAS.

A Amfterdam, chez MM. Zacharie *Châtelain* & fils, libraires, marché aux Fleurs.
A Bruxelles, chez Madame la veuve *Vaffe*, libraire.
A Haerlem chez M. J. *Bofch*, libraire.
A La Haie, chez MM. P. *Goffe* junior, & D. *Pinet*, libraires

de S. A. S. Monfeigneur le Prince d'Orange.
A Leyde,
A Rotterdam,
A Utrecht, chez M. Etienne-Elie *Peuch*, auteur de la Gazette françoife, fur le Ganze-Marxt.

ALLEMAGNE & NORD.

A Berlin,
A Bremen

A Breflau,
A Brunfwic,

A Caffel,
A Erlangen,
A Francfort - fur - le - Mein, chez M. *Difenbach*, premier Secretaire de la ville libre & impériale de Francfort, rue de la Zeil.
A Gotha, chez M. *Klupfel*, confeiller au Suprême-Confiftoire de S. A. S. Monfeigneur le Duc de Saxe-Gotha.

A Copenhague ;
A Hambourg,
A Hanau,
A Hanovre,
A Léipfic, chez M. *Breitkopf* fils, imprimeur - libraire.
A Nuremberg,
A Pétersbourg,
A Ratisbonne,
A Stockolm,
A Zell,

En Suisse.

A Bâle,
A Berne,
A Geneve,

A Laufanne,
A Neufchâtel,
A Zurich,

Dans les autres villes, tant du royaume que des pays étrangers, qui ne fe trouvent pas fur cette lifte, il fera indiqué des perfonnes connues qui fe chargeront de recevoir les foufcriptions & de délivrer les Eftampes·

Les receveurs des villes de France, ci - deffus mentionnés, & toute autre perfonne connue qui voudra fe charger de faire des foufcriptions dans le lieu de fon féjour, pourront s'adreffer à M. Humblot, Libraire, rue Saint-Jacques près Saint-Yves à Paris, qui leur donnera les éclairciffemens néceffaires, & leur procurera des reçus fignés par M. le Pot d'Auteuil, dont ils lui rendront compte à mefure qu'ils les auront diſtribués. On trouve auſſi chez M. Humblot le préſent Proſpectus.

Lu & approuvé ce 17 *Juillet* 1765. MARIN.
Vu l'Approbation, permis d'imprimer ce 18 *Juillet* 1765.

DE SARTINE.